AF283949

EL BREVE OCASO
DE LOS ÁRBOLES

EL BREVE OCASO
DE LOS ÁRBOLES

Francisco Raposo

Prólogo
Marina Casado

Colección Generación del Vértice, 214

EL BREVE OCASO DE LOS ÁRBOLES

© Del texto
FRANCISCO JOSÉ RAPOSO POMARES

© Del prólogo
MARINA CASADO HERNÁNDEZ

© De la edición
CELYA EDITORIAL
Apdo. Postal 1.002 – Toledo (45080)
www.editorialcelya.com
Tfno.: 639 542 794

1ª edición: Abril, 2024

ISBN: 978-84-18117-80-0
D.L.: TO 29-2024

Imprime CELYA

ARROJADOS A LAS FAUCES
DE LA NOCHE

El horizonte poético de Francisco Raposo esconde un mar de fondo que se identifica con el origen, con lo familiar; es «esa tumba que parece llamarnos». Guarda, por tanto, una intrínseca relación con la muerte –blanca, cegadora–, que parece respirar y vivir entre los versos, bajar por las raíces, ser parte de la propia identidad. Los muertos hablan «con tierra en las entrañas / y recuerdos que crecen junto al pelo» y entre ellos «nunca hay huérfanos». El poeta los contempla, consciente del instante crepuscular que es la vida, pronto arrojada a esas inmensas «fauces de la noche». Escucha «el sonido bajo los pétalos del tiempo», aspira la tristeza hasta integrarse en ella. Los árboles, puentes hacia el cielo, también son testigos silenciosos y dolientes de esa irremediable transición. Siempre el otoño, «fin de una guerra», desemboca en un invierno tan blanco como la muerte.

Nos hallamos ante una obra profundamente introspectiva que expresa una búsqueda: «seguimos dando vueltas en el viento, / jugando a saber que conocemos la respuesta». Desde su primer poemario, *Grietas vitales* (2016), el autor mantiene e intensifica el rasgo más loable de su poética: la fuerza de las metáforas, que beben de la imaginería clásica de la Generación del 27, cuya influencia también se traduce en la melodía que impregna los poemas. Pero la voz que ahora se nos presenta es más madura y sólida, con un mejor dominio del ritmo y una mayor limpieza: el verso toma lo esencial y desdeña el adjetivo inservible. Reviste su pasión lírica de luz desteñida por la «niebla de Monet». Se detiene, se asombra ante el mundo, tirita de frío. Es mayor y a la vez más niño. Las ciudades y los recuerdos que guarda en ese «miedo a la orfandad del pozo», en su recién descubierta identidad, han quedado reflejados, en parte, a lo largo de estas páginas, que son, al fin, un grito quieto. Porque, en sus propias palabras, «La existencia es un dolor / que arde con luz de olvido».

MARINA CASADO

Para Candela y Ángela.
Para que conozcan el dolor de una forma amable.

CLARO

Difícil delgadez:
¿Busca el mundo una blanca,
total, perenne ausencia?

Jorge Guillén

LOS REMOS NO ALCANZAN EL PUERTO

El engaño del tacto.

La piel, tan cerca
que la percepción es solo aire,
nunca tocamos nada.

La madera del puerto se aleja,
las olas nunca llegan.

Los remos no alcanzan el puerto
y un barco arrolla la noche
y el agua entra, y el frío, y el hielo y la muerte.
El silencio habla.

Ya no hay remos. Ante el puerto
solo aire.

HERIDA

Existen luces en el cielo.
El color de la mañana ahoga el paraguas.
Los semáforos siguen tristes.
Permanece callada la aurora.

Tan absurda la soledad del horizonte,
como esta herida que me pregunto,
muerta ya la madrugada.

Existen luces en el cielo
como bóvedas de papel carentes de color,
viejos mundos indómitos
que ya no tienen manos que los arropen.

¿VOY A MORIR, SEÑORITA, VOY A MORIR?

Pájaros de fuego cruzaron el cielo,
inundan la infancia con gas cloro.
Exhumada la sangre de los edificios
que antes vivía en ellos.
Lloran muertos los cementerios.
Bombardean de incertidumbre
las formas que cubren el nido.

¿Voy a morir, señorita, voy a morir?

El goteo lo abraza todo,
la oscuridad engendra los monstruos
que ya no se ocultan bajo la cama.

SIN ALAS

Son los renglones rectos, la mirada vacía,
el río surcado con hielo en los pulmones
—algo parecido a volar sin alas—
y el miedo, de nuevo el miedo.

Las ramas clavan en la tierra
en un sueño de raíces.
Ocultar los ojos con pulgares de luna.
Ya no existes.

La vida es como abrazar la sombra propia
y sentir el calor del eco que te devuelve.
Es rezar sabiendo que nadie escucha,
soñar azules cuando solo hay negros
y el miedo, de nuevo el miedo.

VENDRÁ LA NOCHE A POSAR EL FIN

Y sonarán los teléfonos,
como un seísmo sacudiendo
los pliegues del día.

Cuando el árbol crece
el miedo al tiempo
es el motor que lo empuja.

El mar, huérfano de sal,
no volverá a cerrar heridas.

ALMENDRAS

Una corriente ensueña tu silueta en las cortinas.

Rosario Troncoso

El otro día me pareció escuchar tu risa
en el cliquear impredecible de los vasos.

Las puertas recuerdan las manos cuando
[son cerradas.

Todavía quedan botellas de licor con tus ojos
aunque ahora sean de otros.

El otro día me pareció escuchar tu risa,
cayeron almendras de los altillos
y hormigas aladas nos devolvieron el verano.

MAREJADA

En sueños la marejada
me tira del corazón;
se lo quisiera llevar.

RAFAEL ALBERTI

La conciencia de la orilla me regresa
en la quietud del retroceso:

Una vez engendró los ojos y los peces
con la fuerza del vientre-espuma,
ahora escupe con el ímpetu de una fosa
donde no caben más huesos.
Y siempre el silencio
secando el recuerdo de la madre.
Y siempre el silencio
que devora los restos del cuerpo marino
                            al filo de la orilla.
Y de nuevo el silencio,
siempre el silencio,
que transforma el cuerpo del niño
en hombre seco,
siempre en silencio.

A ORILLAS DEL TÁMESIS

Londres, marzo de 2017

El puerto londinense se abre a la vida.
La impresión del frío en Londres
es la niebla de Monet en la aurora del Támesis.

1915

En la barra del puerto bate la marejada
y todo el mar resuena como una carcajada.

Antonio Machado

En el tercer vagón de la línea seis
el río amenaza con desborde.

−«En la barra del puerto bate la marejada
y todo el mar resuena como una carcajada».

Las gaviotas escriben sus nombres
sobre la arena del transbordo
en Nuevos Ministerios.
Nada es ya como entonces,
la sequedad de estas manos
ajadas al pasar el abono transporte.

EL OCTAVO PASAJERO

El miedo a la orfandad del recuerdo que se deja.
La imagen que vive en otros muere en la despedida.
Un pasajero más, un latido extra,
el recuerdo de alguien
que llama tras las rocas para hacer lecho
con las escamas de las sirenas.

Un otro que no existe, que se despidió dejando
una cama,
una escalera ardiendo que será cenizas,
un latido extra que dura lo que el recuerdo.

El miedo a la orfandad del pozo que se deja
es el eco que queda
                        mientras todos marchan.

EL SUDOR DE LA VENTANA

> *Pero ahora,*
> *en las noches sin lluvia,*
> *en las ciudades sin muelles,*
> *en las mesas sin tardes,*
> *me siento de repente mucho más solo*
> *[...]*
>
> ROBERTO JUARROZ

Como una cuerda tensa,
un puente tambalea ante el peso de las gotas
                       [en la tormenta.
El sudor de la ventana.
Todos los nombres diluidos en el asfalto.
El grito de la goma acampa en los oídos
cuando la soledad crónica
es un comensal más en las cenas familiares.

EN LA ORILLA DE LOS LIBROS

Para Marina Casado.

El silencio revolotea tras el horizonte,
posa sus diminutos pies ámbar
sobre fina arena de melancolía.

Un camino de piedra se adentra
entre las nubes, abre los brazos,
anuncia los despertares del día.
(El camino de recuerdos que espera su muerte
en la frontera de tinta que nos guarda.)

Cádiz lo observa todo,
oculta tras los envistes del viento,
y un sudario de espuma cubre en San Francisco
los recuerdos de nuestro poeta.

Los abismos insondables terminaran
bañados de salitre de amanecida
y un rayo de mar abrazará Madrid
trayendo consigo el levante.

Seremos acunados.
Nuestra casa nos reconocerá en las orillas.
Si alguien pregunta
verán las sombras
sonriendo en el lomo de los libros.

RAÍZ

Lo enterraremos todo,
los brazos, el movimiento y la pala,
la pasión de los viernes,
la bandera de andar solos,
la pobreza, esa deuda,
la riqueza, esa otra.

ROBERTO JUARROZ

FUEGO

El olvido se lleva la luz de las fotos,
no distingue los geranios de las cornisas
ni los hierros que evitan
que los niños decapiten sus tallos.

El grito del fuego encuentra vida
en el reflejo que quema en los ojos.
La demencia en el juego de las llamas,
pequeños diamantes naranjas
escapan como islas de recuerdos.

El río se lleva los labios
y ahora no hay fuego,
ni hierros,
y descompuesto,
espero que alguien encuentre los trozos
y sepa cómo recomponerlos.

El fuego amarra los recuerdos,
¿cómo mantenerlo
si es ceniza antes que madera?

GAVIA

Así hablan los muertos,
con tierra en las entrañas
y recuerdos que crecen junto al pelo.

Mientras tanto:
sigue comiendo la pintura de la fachada
y el agua entra por cada rendija
sin que nada pueda impedirlo,
se lleva lo que antes
pertenecía a las paredes de su cauce.

Así hablan los muertos,
con tierra en las entrañas,
lágrimas en los ojos
que terminarán siendo río.
Así hablan los muertos
que caminan, respiran, ríen,
para terminar el sendero que los lleve a la tumba
arrastrados por una gavia
preñada de guijarros.

LUCERO

Un barco cruza la niebla.
Sobre el mar el rostro del lucero.

Los cuerpos, la ceniza,
aparta la muerte con la vela,
guadaña que rompe la noche.
La capa pierde sus hilos,
entrelaza la niebla con el nadar de los peces.

Serenata de luz que mece la niebla,
que araña el color,
que trota con el oleaje.

Cuando se apague el lucero,
la ceniza en la mirada
y nadar en el cementerio de mis muertos.
Cuando se apague el lucero que me baña
y el llanto se pierda en el mar,
nadar, nadar quiero,
cuando no tenga brazos para nadar,
ni nadie,
ni nadie que me guarde.

CUANDO EL SILENCIO

Fuera del tiempo espera un abismo
con los ruidos de cuando el silencio.

Fuera del tiempo acabamos
cuando no somos
cuando nadie mira.

PALA AZUL

Las manos hundidas, en las dunas sus dedos.

Aquel verano, bunker de felicidad,
perdí junto a la pala azul la poca infancia que quedaba.

Bañado de tierra,
sonrisa eterna, tímida.

Jamás dejé de buscar.

La felicidad es consciente cuando se la recuerda.

La tierra sigue en la duna
—nunca la dejará—
junto a ella, la pala pierde el azul
que permanece inmortal
ante el cielo que la observa.

TRÉBOL DE CUATRO HOJAS

A veces te imagino tejiendo con hilos de nube
sobre el tejado del mundo,
separando el arroz negro y esquivo,
otras,
donde el hambre atería los huesos.
Veo tus ojos en el trébol de cuatro hojas
                [que guardo en la cartera.
Se ha separado una de las hojas.
Alguna vez he pensado guardar el mar
                [en la misma cartera.
El mar,
esa tumba que parece llamarnos.
Seguiste la senda marcada por el guardián
                [del lavadero,
que en su silla de colores te abrió la puerta
                [de los peces.
El llanto es el único patrimonio de la muerte.
Todo lo demás
lo dejamos secando en el camino que ya no soporta
                [nuestro peso.

MI NOMBRE

Cuando el silencio llegue
junto al reino de los gusanos,
no será mi rostro.

Cuando el silencio llegue
y una leve huella permanezca,
no será mi rostro.

Hay un nombre en mi nombre
que nadie pronuncia al nombrarme.

UN POEMA DE AMOR

(Hada I)

Una punzada de llanto alumbra la noche
y las sábanas yermas cubren el día.

Una pequeña hada revolotea la ventana,
languidece preñada de gotas.

Un poema de amor llora debajo de la lengua,
las manos se cuartean.

El amor:
Un hada que revolotea moribunda
                    tras la ventana,
Tan lejos, tan pequeña.

Una punzada de llanto alumbra la noche.
Un poema de amor vive bajo la lengua.

CUANDO ABRE LAS ALAS
Y DESAPARECEN

Apagado el lucero. Duerme.
Un estallido de luciérnagas enciende sus cuerpos.

De alas negras, abre lo que cubre el manto
                                    [del sueño.
Miles de pequeños cadáveres
se apilan esperando ser incinerados.

La negrura del cielo sonríe
y el silencio truena
y la máscara unge con luz de luciérnaga
un sueño que estará listo para ser usado
en la próxima luz del lucero.

ARAÑAS

Tienen arañas las paredes de mi casa.
Desde el techo cuelgan sus cuerpos negros.
Miran con mil ojos si cierro la puerta.

Hay arañas que tienen mi rostro,
me observan mientras duermo.

MIRLO

En la ventana hay un mirlo.
Se enganchó con sus alas al cordel.
Estrangula sus plumas.

En la ventana hay un mirlo.
Picotea el cristal.

Desde la ventana avisa del desastre.

Desenredo sus plumas.

El mirlo entra.

Cuando llega la noche
saco al mirlo que viene conmigo.

AL ABRIR LOS OJOS

En las horas más oscuras,
siendo sueño el futuro,
atormenta el piar de los pájaros.

La tristeza también crece en los árboles,
en el aleteo de recuerdos que no existieron.

Hay ríos que cruzan el cuerpo
desembocando en mares nocturnos.

La tristeza crece en los árboles,
pero al caer madura
nunca toca el suelo su fruto.
Al abrir los ojos.
En las horas más oscuras.

EL BRAZO DEL TOCADISCOS

El hilo en ocasiones tambalea.
Vacío que sobreviene sin aviso.

Un remolino de viento pasa por mi ventana,
y de fondo las hojas
en una carcajada conjunta.
El mismo acorde que prestan oídos los borrachos
cuando adentrados en un sueño de vidrio
abrazan los colores que deliran ante sus ojos.

En ocasiones hay un vacío que agranda
como las vueltas a la mañana siguiente
                              [del tocadiscos.
El silencio atronador abre los ojos
y entre sus alas negras el llanto
y en la ventana, el viento entra,
se lleva los restos que yacen sobre la cama.

Hay días en que la vida vale muy poco,
que la quietud duele en el vientre,
que la cerilla se apaga sin prender nada,

que todo sigue girando con la aguja arañando el día
y el brazo arrastra sobre mi pecho
pero no hay surcos que pueda leer
y de nuevo
               el silencio.

QUALIA

I. Oso

El oso de pies amarillos despertó.
Una promesa infantil bajo los dientes.
Una quijada abraza la puerta sin llave
y el llanto se oculta tras el pelaje de las garras.

II. Punto de Luz

Temblaban las paredes en el espejo,
el silencio de una tarde de verano
con el blanco ondeando en las cortinas
y sobre el rostro que me lloraba.
Los pasos del pasillo, las manos,
la sombra de gritos tras los azulejos.
De nuevo las manos, los gritos,
la oscuridad que carcome las fotos
dejando un punto de luz
en el cuerpo que tiran sobre la cama.

Un guerrero acampa sobre el blíster de aspirinas,
sus manos de plástico duro
anudan el sueño de unas pequeñas muñecas
que reman sobre el estampado de la colcha.

En la calidez de la tarde,
una luz exhala de las juntas de las baldosas
y se lleva con ella
      el color de las fotos.

III. Pterosaurios

Apenas se ve el rojo de la locomotora,
una mano diminuta aviva el fuego
que vuela sobre él con cabeza de dragón.
El humo abraza el pijama de la noche
y el carbón es el sueño de cabello despeinado.

Andar dormido, jugar con la luz blanca,
inocencia en cuarto creciente,

el hambre de la luna. Ruidos en el salón,
madrugada que se pierde risueña tras la ventana.
Cabalgo sobre la locomotora
sin llegar a los frenos,
capricho infantil perdido entre las sombras,
bestiario del terror nocturno, piloto automático.

Mi madre me alza sobre las nubes,
vuelo junto a una bandada de pterosaurio,
el rojo de la locomotora ciega su trayecto.

Y cada madrugada el dragón vuelve a sobrevolar
                                        [mi cama
junto con una bandada de pterosaurios.

No hay sombras cuando solo la noche
                              arrecia.

IV. El color de la noche

Una fina cuerda agarra las muñecas,
el color de la noche me llega desde el fondo del abismo.
Seres multiformes rondan las lindes de la cama.

Un juego de luces donde siempre ganan las sombras.

En las fronteras del sueño se cierran mis alas,
comban las cuerdas, tiran de ellas,
sangran las paredes del zootropo
atrapando la vigilia en su tambor.

SACRIFICIO

Cubre la soledad unas rejas inmensas.
Anoche recordé el abandono:
salía de clase,
un reguero de niños celebraba la libertad
bebiendo el elixir de la infancia.

En griego antiguo *paidós* significa niño y esclavo.

En los labios azules y tiernos
germinó el abandono.
Noto desde aquel día,
un pozo tan hondo
que no hay agua que llene.

En las manos de Abraham
encontré refugio.
El niño ríe con la fuerza del llanto
y una y otra vez
vuelvo ante la inmensidad de las rejas
ancladas al monte Moirá.

DUELO

Una ventana en los ojos,
un domingo húmedo,
tan pequeño
que desaparece en un parpadeo.
Como un juego de universos
donde la posibilidad
es una hoja movida por la baraja.

La vida duerme entre pretiles
y las manos apenas alcanzan
el mármol que recubre los días.
La sota mata a la reina
en un duelo de amaneceres.

Me desangro.

Nunca guardo ases bajo la manga.

LUZ DE OLVIDO

Hay luces que no iluminan
y dolores que lloran tan silenciosos
que el propio silencio los aviva.

La existencia es un dolor
que arde con luz de olvido.
La existencia,
como surcos de una barca que desaparecen
hasta que las piedras velen su muerte.

El dolor aún sigue brillando
cuando la luz de la existencia se apaga.
Cuando el iris sangra su color
y la muerte nada entre los mares de la existencia.

HE VISTO

He visto un camino repleto,
madrugadas que se alejan,
cuerpos encorvados
con la soledad en los surcos de los ojos.

He visto un camino negro
separado por el cristal del silencio,
he visto la tristeza de los niños,
desaparecer las manos que los acunaban.
He visto auroras de cuerpos.

He visto la muerte andar por calles vacías,
la he visto arquear su lomo,
erizar su hambre,
mirar por ventanas cerradas.
He visto a la muerte vestir un manto bordado
con auroras de cuerpos
en un camino repleto.

La senda que marca el crepúsculo
es de obligado cumplimiento.

CELEBRAR LA TRISTEZA

Todavía me pregunto si es la tristeza
un sentimiento que se pueda celebrar,
un espejismo de alabanza
ingerida por arenas en torbellinos.
La soledad —de la que hablo—
agarra en el vientre de la tristeza.

En el tiempo que honra lo excelso,
se creó todo.
La sombra sin luz, un árbol sin hoja,
la soledad de la tristeza
que sin ella no cabe ágape
ni espacio para escribir la vida
y sus diminutas celebraciones.

EL SUEÑO DE LOS PÁJAROS

Tengo inviernos en las manos,
ríos que surcan bosques
repletos de frutos maduros.
Tu río, de aguas caudalosas
que abren mi vientre y lo fecundan.
No hay viento para ti, mujer,
que como la niebla
desaparece al despuntar el sol
con el ropaje de la aurora.

Los labios le pían entre las ramas a los ojos
                              [del otoño.

Tengo inviernos en los ojos
al caer los frutos de la noche.
Tener.
No tengo nada.
El sueño de los pájaros es volar tan alto
que el firmamento deje atrás
el recuerdo de todos los ocasos.

AFELIO

El hambre de los ojos,
las caricias en las manos,
las horas sin dormir,
el vacío del vientre
y las alas rozando sus paredes.

A lo lejos el crepitar agónico de las hojas
que desaparecen antes de tocar el suelo.
La lluvia pronto se transforma
y una niebla espesa me arrastra, me eleva.

He buscado su eco en cuerpos vacíos,
lo he rozado, siempre afelio,
con las yemas de mis ganas.
He visto cadáveres.

A veces me pienso atado y en los huesos
                    —casi diminuto—

con las manos atadas:
grilletes incandescentes

que me recuerdan el frío del invierno.
He tardado en comprender
que la lluvia jamás me empapará.
No germinará en mi rostro
tras esta máscara de hierro y añoranza.

Conozco el abismo, pero el amor,
el amor solo
                    por lo que cuentan.

OTOÑO

He pensado en el otoño.
El breve ocaso de los árboles,
el miedo, la nostalgia.
La frágil melodía del bosque
que fragmenta la plenitud de luces.

Inmensas las fauces de la noche.

He pensado en el otoño
como el fin de una guerra,
o el parto de las flores,
como lumbres encendidas.

El otoño enquistado en las manos
y los ojos miran con el azul del invierno.
Pero no hay luto en el otoño.

Un vendaval se lleva la nostalgia,
no es más que una hoja
que se aleja lentamente.

OCASO

BLANCO

Mi madre siempre decía que el blanco daba
amplitud a las habitaciones. Por aquel entonces
yo iba de blanco, las paredes eran blancas, las
sábanas donde amortajábamos eran blancas,
incluso el dolor, sobre todo era blanco el dolor.
Recuerdo el chirrido de las ruedas de las camas.
El sonido del llanto. El pequeño golpe que precede
al cerrar la puerta. Eran las manos tomando el
pomo. Nadie quiere ver a un muerto. Recuerdo
como un huérfano se interpuso en mi camino
al grito de «¿dónde te llevas a mi madre?».
En esa cama ya no estaba su madre. Recuerdo
pensar que ese blanco no hacía la habitación
más grande.

SUSURRO

Hay un sonido bajo los pétalos del tiempo,
si cierro los párpados gritan:
el recuerdo
el sonido,
los pétalos.
Hay un susurro en el viento.
Una partitura oculta en el baile de las hojas.
Un silbido añejo entre el gris de las nubes,
en un cielo de carne al deshojar los ojos.

Una vez me dijeron que la tristeza acampaba
                                    [en la mirada.

Hace tanto tiempo que no veo el rostro
que es nostalgia lo que brota de la tierra
Hace tanto tiempo.
Tanto.

Soy la tristeza.

Todo lo demás
es mentira.

NUNCA

Una voz se ha filtrado por entre las nubes.
Ha mencionado que los huérfanos
no lloran tras la muerte,
que entre las plumas de los gorriones
anida el secreto del tiempo y sus viajes.
«Ya habéis morado bastante en este monte»
pero nunca hay suficiente tiempo
para habitar entre las alas de un gorrión.
Pero nunca hay suficiente tiempo.
Nunca hay suficiente.
Nunca.
La voz habla el idioma de los charcos,
del óxido de las camas abandonadas
en habitaciones donde los árboles
duermen el sueño de las ramas.
En el discurso de la lluvia vive una voz
—atronadora, esquiva—
que muere solo al caer al mar.
«No os asustéis ni le tengáis miedo».
La voz se ha filtrado por entre las nubes.
Ha mencionado que entre los muertos
nunca hay huérfanos.

NO SE SACIA EL OJO DE VER,
NI EL OÍDO SE HARTA DE OÍR

Un remolino con anhelo de viento juega a ser
[enigma.
El dolor es la vanidad de creerse quieto
donde las vueltas del remolino invierten el rostro
[y los pies.
La vanidad de saberse,
la vanidad,
el dolor.

Tras mil soles es el mismo color,
el mismo amanecer,
la muerte,
el vuelo de los pájaros,
las lluvias que preñan mares de vanidad.
Mientras:
seguimos dando vueltas en el viento,
jugando a saber que conocemos la respuesta,
anhelando ser viento,
susurrando nuestro nombre
con la firme intención de ser algo más
que aullidos de dolor bajo un pozo de vanidades.

EXITUD

Anoche volví a las sábanas blancas.
La sepsis de las manos aferradas a la vida
que cohabitaban con los hierros
en los barrotes de las camas.

Una vez lloré muertos ajenos,
abracé huérfanos.
Trabajé en el purgatorio.
Fui el huérfano de una desconocida
a la que le hacía cambios posturales
de tres a diez.

Anoche volví a las sábanas blancas
y juré no volver a llorar
muertos de otros.
Pero en cada habitación
un nuevo huérfano espera mi consuelo.
Pero en cada habitación
soy el huérfano por consolar.
Pero con cada habitación
me aferró con más fuerza
a los hierros de la cama.

AQUERONTE

Caronte aferra la barca
mientras las monedas se funden con los ojos.
Fui motor en bronce en la Estigia.
Eran mis manos las que guiaban a los muertos.
En la orilla de aquel pasillo
recogía la moneda que guardaban en la lengua.
Cien años pasaron.
El antifaz blanco no impedía ver sus rostros.
Cien años pasaron
y recuerdo a cada uno de ellos.
Un leve oleaje
abraza la barca de ruedas cojas.
Cien años pasaron
y en cada viaje
yo era el muerto.

ASCENSOR

Una tumba desciende los desechos del quirófano.
Una tumba desciende inmensas bolsas negras.
Una tumba.

Nadie quiere ver la muerte
y se bajan los desechos en ascensor.
Las inmensas bolsas negras
apresadas en jaulas de ruedas cojas
descienden en el mismo ascensor
que las camas donde dormían los muertos.

Al llamar al ascensor subía una tumba.

Nadie quiere ver la muerte
y los desechos se bajan con los muertos.
Nadie quiere ver la muerte
pero los ojos de los muertos, aunque cerrados,
ven las mismas paredes grises
que las inmensas bolsas negras.
Nadie quiere ver la muerte
y por eso son desechados
en el mismo ascensor que el resto.

HABITACIÓN 417

En la habitación 417 me dieron un último beso.
Era cálido, amable, sonaba a café y pastas.
Su cara de gratitud me lo pidió,
los labios arrugados casi ni rozaron la mejilla.
El rostro hablaba de vejez,
pero la voz,
la voz se aferraba a la infancia
con la fuerza que no tenían sus manos.
Acababa de salir de la habitación 417
y un reguero de luz se posó en mi hombro.
La muerte llamó al teléfono desde la habitación 417
cuando el último beso aún resonaba en mi mejilla.

NECESITO AYUDA

Hay gaviotas en la ventana.
Las ruedas de un carro arañan el pasillo.
Batas blancas ondean con prisa en las esquinas.
Una gaviota convulsiona con las alas abiertas.
Mi familia sangra por las puertas.
Se quedan inmóviles al verme.
Las gaviotas alzaron el vuelo,
han dejado todas sus plumas.
No me llevaron con ellas.
Una línea tan lisa como el horizonte
marca que ya no hay vida en el electrocardiograma.
La vida tiene alas de gaviota.
Se han marchado,
han olvidado sus plumas sobre la cama.

OTRA PALOMA

En la voz hay un susurro de mentira,
un engaño intrínseco que se celebra.
La muerte también es muerte pese a no morir.
A las palomas les da pavor el miedo.
Morimos tantas veces.
Un río es un río por su cauce.
Guardamos tantas tumbas con el mismo nombre.
La mentira tiene alas de paloma,
sobrevuela tumbas sin nombre.
Ni es el sexo más que el esquema del veneno,
una explosión que derrama las pareces.
Un río lo arrastra todo. Desapareces.
Al morir no es el nombre de la tumba.
He muerto tantas veces que cuando llegue el fin,
no habrá explosiones, solo un río.
He muerto tantas veces que cuando llegue el fin,
solo seré otra paloma.

BREVE

Ven a llorar conmigo
Son dulces estas lagrimas
Que nacen del recuerdo
De las cosas pasadas.

Francisco Machado

TUS OJOS

(Hada II)

Para A.

El frío de octubre sonroja tus mejillas.
Mi cabeza duerme aún en tu hombro.
He visto el aleteo de un hada.
La vi en la frontera de la noche.
Fueron esquivas las calles
y en tus ojos vi el tiempo,
un río enorme que me cruzó las manos.
He visto el aleteo de un hada,
se esconde a los pies del miedo.
En las esquinas del empedrado,
las estrellas, agarradas aún en la pared de mi cuarto.
Un silencio que acuchilla al nacer el día
—amenaza con desbordarlo todo—
y el hada permanece solo en nuestros ojos.
Me quedé oculto tras tus labios,
tan quieto como el paso de todos los lunes.
Los brazos dejaron de ser míos.

Nunca antes vi la calidez,
no creía en el paso de la lava
que parte por la mitad
dejando el cuerpo calcinado sobre las sábanas.
Las lindes de la noche trajeron la luz
y todo cobró sentido,
como un estallido en mitad de una ciudad
para la que no estábamos preparados.

AGRADECIMIENTOS

Me ha llevado siete años terminar
el ocaso de los árboles.
A Marina Casado por su apoyo y consejos.
A Sylvia por aguantarme.
Y, sobre todo, a Carlos y Aarón, por ser ese
claro en el bosque que todos necesitamos.
Durante estos, nada breves, siete años,
me han soportado y acompañado.

ÍNDICE

OCASO

BREVE